ÇAPULCUNUN GEZİ REHBERİ

Gezi Parkı Direnişi'nden Aforizmalar

HEMEN KİTAP

HEMEN KİTAP - 58

ÇAPULCUNUN GEZİ REHBERİ

Gezi Parkı Direnişi'nden Aforizmalar

Yayıncı ve Genel Yayın Yönetmeni: Zana HOCAOĞLU
Yayın Koordinatörü: Mehmet DEMİRKAYA
Derleyen: Eylem AYDIN
Kapak ve İç Mizanpaj: Nurten ÇİDİK - Özgür YURTTAŞ

Baskı: Oray Basım Yayın ve Matbaacılık LTD. ŞTİ.
İkitelli Organize Sanayii Bölgesi Eskoop Sanayi Sitesi
B1/ Blok No:63 Başakşehir - İSTANBUL
Tel: (0212) 648 20 94 Fax: (0212) 648 20 93
oraybasim@gmail.com
Sertifika No: 22691

Yayıncı Sertifika No: 12431
ISBN 978-975-6178-58-4

3. Baskı: Temmuz 2013

HEMEN KİTAP SİS Yayıncılık ve Dağ.
San. ve Tic. Ltd. Şti.'nin tescilli markasıdır

Giyimkent Sitesi D 6 Blok / 59
No: 77-78 Esenler / İstanbul
Tel: (212) 659 58 61 - 62
Fax: (212) 659 02 51

www.hemenkitap.com
e-mail: info@hemenkitap.com

ÇAPULCUNUN GEZİ REHBERİ

Gezi Parkı Direnişi'nden Aforizmalar

Derleyen: Eylem Aydın

HEMEN KİTAP

ÖNSÖZ

Önce birkaç ağaç, sonra bir park, ardından bir şehir ve son olarak bütünüyle kocaman bir ülke... **Çapulcunun Gezi Rehberi**, Türkiye'nin öyküsüdür bir bakıma.

Occupygezi (direngezi), sadece birkaç ağacın öyküsü değildi aslında. Ağaçlar bu direnişin hem önderi hem de sembolü oldu. "İnsana Rağmen" hiçbir düşüncenin ve "Dayatmacı Yaşam Biçimi"nin karşılık bulamayacağını gördük hep beraber. Ve yine hepimiz şuna şahit olduk; hayal dahi edilemeyecek kadar zıt kutuplar, fikirler ve elbette insanlar, bir amaç için "tek yürek" oldu.

İşte bu kitapta yer alanlar, kendini tek bir amaç için sokağa atan yüzbinlerin hikâyesi.

Biz yüzbinlerin sesine kulak verip, bu anı ölümsüzleştirmek istedik. Bunu yaparken öyle şeylere şahit olduk ki; bu coğrafyanın insanına bir kere daha hayranlıkla şapka çıkarttık. Kırıp dökmeden sesini duyurmayı ve mizahı bir yöntem olarak seçen "Occupygezi"; Faşinismus'uyla, TOMA'nın üst modeli POMA'sıyla, Ankara Tomalı (Tunalı) Hilmi Caddesi'yle, Everyday I'm Çapuling'iyle, Gazhane'siyle (Şişhane), Pomabahçe'siyle (Dolmabahçe), Gazılay'ıyla (Kızılay), Dövenpark'ıyla (Güvenpark) direniş ve mizah tarihimizin en değerli sayfalarında yer alacak.

Occupygezi, "Akılla, Zekâyla, Mizahla" direnmenin öyküsü...

DİRENİŞ GÜZELLEŞTİRİR...

BERABER DİRENDİK BİZ BU YOLLARDA!

#DIRENGEZIPARKI
GELIYORUM!!!

%95

ANAMIZI DA ALDIK GELDIK

TOMA Telsiz Konuşması!

Amir: Barikatı aç, çok içeriye girme!
Toma 7: Anlaşıldı!
Amir: Gel şimdi geriye, su sıkarak!
Toma 7: Anlaşıldı!
Amir: Toma 9, sende aynı anda su sık!
Toma 9: ZzZzZz
Amir: Toma 9!
Toma 9: Ben Vedat! dinliyorum!
Amir: Vedat kim ya?
Toma 9: Açık tribünden ya davulcu!
Amir: Toma 7 geri çekil!
Toma 7: Siyah!

BİBERİ BAL EYLEDİK MEYDANLARI DAR EYLEDİK....

BURALARA YAZ GÜNÜ GAZ YAĞIYORDU

TOMA'NI
YOLUMdan
GAZINI
BURNUMdan
ELINI
BEDENIMden
ÇEK!

SANA DİKTATÖR
DİYORLAR!

Taksim

I. GELENEKSEL GAZ FESTİVALİNE HOŞGELDİNİZ

BİZ SİNEK İLACI ARABASI PEŞİNDE KOŞARAK BÜYÜMÜŞ TOPLUMUZ... BİBER GAZI NE Kİ

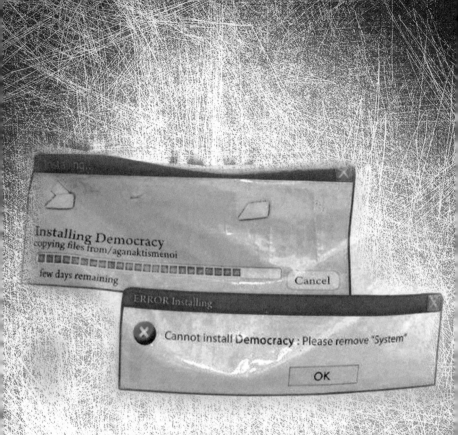

İLERİ DEMOKRASİ
KURULURKEN BİR HATAYLA
KARŞILAŞILDI,
EN GÜZELİ FORMAT ATMAK
OLSA GEREK :)

İlan Detayları

İlan No

2.SAHİBİNDEN SATILIK TOMO

99 TL

İstanbul / Beyoğlu / Kocatepe Mah.

Marka	Scania
Seri	112
Model	112 M
Yıl	2013
Km	100
Motor Hacmi	4501 – 5000 cm3
Motor Gücü	276 – 300 hp
Üst Yapı	Tanker
Taşıma Kapasitesi (Kg)	5.001 – 10.000
Kabin	Yüksek
Lastik Durumu (%)	80
Renk	Beyaz
Vites	Yarı Otomatik
Yakıt	Dizel
Kimden	Sahibinden
Takas	Hayır
Durumu	İkinci el

HALK - ETRAFINA BAK

👤 Profili 🗂 Diğer İlanları 👥 Takip Et

📞 BİZ SENİ BULURUZ

İlan sahibine soru sor

🛡 **Güvenlik İpuçları**
- İlgilendiğiniz aracı görmeden kapora olarak bir ödeme yapmayın, para göndermeyin.
- Satın almayı düşündüğünüz araçla test sürüşü yapmanız tavsiye edilir. Detaylı bilgi için tıklayın.

🔍 Fotoğrafı Büyüt (Mega Foto)

🚩 İlan ile ilgili şikayetim var

Açıklama

2 GÜN ÖNCE SEVGİLİ DEVLETİMİZDEN ALDIĞIMIZ (!)

AZ KULLANILMIŞ TOMO SATILIKTIR

- Saatte 1000 POLİS PÜSKÜRTME KAPASİTELİ

- NE YAZIKKİ BOYALI (birşeyler yazıyor ama yeri değil)

- İÇİNDEKİ POLİS KIYAFETLERİ HEDİYEMİZDİR.

- BUNUNLA BİTMEDİ DUMAN KASEDİDE BİZDEN!

ÜST MODEL OLAN POMO İLE DEĞİŞTİRMEMİZ YÜZÜNDEN SATILIKTIR.

İRTİBAT : HALK (KİME SORSAN GÖSTERİR)

FİYAT : MEDYAYA SORABİLİRSİNİZ KAÇA SATILACAĞINI İYİ BİLİRLER

Özellikler

Güvenlik

✅ ABS	✅ Alarm	ASR	EBV
ESP	✅ Hava Yastığı (Sürücü)	Hava Yastığı (Yolcu)	Immobilizer
Merkezi Kilit	Retarder	Yokuş Kalkış Desteği	Yan Hava Yastığı

AT'TAN DÜŞTÜN
KORKMA KOLTUK
ÇOK ACITMAZ!

WE DID IT
1 HAZİRAN
ZAFERİMİZ

GAZIMIZ BİTTİ
SANIRSIN Kİ
ALLAHI
DİREN
TC
MERT

AKP YIKILSIN
YERİNE "AVM
YAPILSIN !
:D

SIK BAKALIM
SIK BAKALIM
BİBER GAZI
SIK BAKALIM
KASKINI ÇIKAR
JOPUNU BIRAK
DELİKANLI
KİM BAKALIM

"YETMEZ AMA EVET"
DİYEREK ORANI
KALDIRAN BİZLER,
"YETER ARTIK HAYIR"
DİYEREK
İNDİRMESİNİ DE BİLİRİZ.

ÇARŞI MI LAN O?

Şimdi anladınız mı niye bizi ➤ TÜRK- KÜRT ALEVİ-SÜNNİ diye ayırdıklarını ??? - BİRLEŞİNCE BÖYLE OLUYORUZ ÇÜNKÜ!! BİRLEŞE BİRLEŞE KAZANACAĞIZ!!

TEK YOL DEVRİM
DİNİMİZ AMİN

NO RECEP, NO CRY.

Bazı illerimiz için biber gazı vakti:

İSTANBUL: 19:30
ANKARA: 20:15
İZMİR: 20:45
ADANA: 21:21

WANTED

EDISON
BILE
PISMAN!

BİBER GAZI
SAÇ
ÇIKARIYORMUŞ
DEDİLER
GELDİK...

GEZİ PARKI'NA ORANTISIZ GÖÇ!

KAPİTALİZM GÖLGESİNİ SATAMADIĞI AĞACI KESER! KARL MARX

DUMANSIZ

HAVA SAHASI NEREDE

ORADA TOPLANALIM

E ♥ NO TO MALLS! YAŞASIN EKOLOJİK
THE ♥ DEVRİMİMİZ
REES! GEÇMİŞİNE DEĞİL
LOVE FROM PAKISTAN. YARINLARINA SAHİP ÇIK!

HABERIM
YOKMUŞ GiBi
SIK KANKA!

SOKAKTAKI
HAYVANLARI
GAZDAN KORU

Langenscheidt

Necati Şaşmaz - Türkçe
Türkçe - Necati Şaşmaz

Beni anlayın artık!

BİBER GAZINA NE İYİ GELİR?

Sirkeeee!

Limoooon!

"TAKSİM BİR HAFTADIR YILBAŞINDAN DAHA KALABALIK VE BİR KADIN BİLE TACİZE UĞRAMADI... BENCE BİRİLERİNİ EVDE TUTMAYA DEVAM EDİN..."

BİBER GAZI SIKMANIZA GEREK YOKTU, ZATEN YETERİNCE DUYGUSAL ÇOCUKLARIZ:)

#direntürkçe

Redhack: Necati Şaşmaz'ı biz hacklemedik bilginize...

Bilemediniz penguen belgeselinin kıymetini alın size Necati Şaşmaz...

Necati Şaşmaz'ın özne tümleç yüklemin kim çaldı?

Eğer Necati Şaşmaz biraz daha konuşursa olaylar yeniden başlayabilir:)

Necati Şaşmaz'ın basın açıklamasından sonra böyle bir olayın tekrar yaşanmaması için direnişçiler Topçu Kışlası inşaatına başladı.

"Biber gazı mı Necati Şaşmaz mı?" Sosyal medya bunu tartışıyor.

Necati Şaşmaz'ın elinden kurtulan bir grup dolaylı tümleç son anda Gezi Parkı'nd sığınmış.:)

Necati Şaşmaz ve Ahmet Misbah Demircan videolarını art arda izleyip altın vuruş yapıcam. Hakkınızı helal edin.

Ülkemizdeki seslendirme sanatçılarının önemin Necati Şaşmaz basın açıklaması yapınca daha iyi anladık.

Hayır ben Necati Şaşmaz konuşmasın demiyorum, hobi olarak yine konuşsun.

TAYYIP SANA
KÜSTÜM!

SEN GEZ
BİZ BURDAYIZ
TAYYİP
AMCA

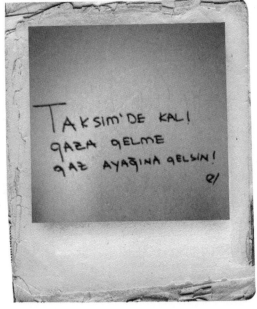

BAŞBAKAN KEŞKE

%50

JOKERİNİ

KULLANACAĞINA

SEYİRCİYE

SORMA HAKKINI

KULLANSAYDI...

HKAN
İÇTİK
AYRIM!!
DÜŞÜK Tayy!
İP NERDESİ
!!!!

MERAK ETME ANNE ÖNDEN GİTMİYORUM, HEP BERABER YÜRÜYORUZ.

DİREN

GEZİ

AŞIKSAN VUR SAZA...

POLİSSEN BAS GAZA!

BAŞBAKANSAN KAÇ FASA :)

ANLAYANA TOMA, SU, GAZ ANLAMAYANA CEZAYİR, TUNUS, FAS...

BİR ÇAPULCU ATASÖZÜ

DURAN ADAM

- 3412 3434
- dinlemede
- amirim burda biri eylem yapıyor
- durdurun
- duruyor zaten
- nasıl?
- duruyor amirim durduramıyoruz.
#direnduranadam

#Duranadam için
Sayın Valime gıdıklamaları için
talimat verdim.

Vali #duranadamın
hangi marjinal örgütten
olduğu konusunda basına
bilgi verecekmiş ama sürekli
durdugu için saptama
konusunda sıkıntı varmış.

HANİ BENİM RECEBİM RECEBİM BİRAZ AKIL VERECEĞİM ALMAZSA GEZİ'YE GİDECEĞİM...

ANTARTİKA DİRENİYOR!

PENGUENLER: MESELE ERİYEN BUZULLAR DEĞİL!
İSTANBUL BOL GAZLI 27 DERECE – ANKARA – AKŞAM SAATLERİNDE GAZLI

#duranadam

Saat 20.30'da eyleme başladığı iddia edilen ve kimliği henüz
bilinmeyen bir penguen, saatlerdir bir buz parçasında hareketsiz duruyor.

MEDYA

ANTARTİKA'DA MARJİNAL GRUPLAR ORANTISIZ ZEKA KULLANIYOR

BU BIBER GAZI Bi HARIKA DOSTUM

GazDan KorksaYDik OSURMAZDIK

BU TOMA
DAŞLI TOMA
CINGILLI DAŞLI
TOMA
KORKIRAM
GAZ GELMEYE
GÖZLERİM
YAŞLI TOMA.

HERKES BİR GÜN 15 DAKİKALIĞINA GAZ YİYECEK

Recep Tazyik Gazdoğan

31.05 DİREN

Biber Gazı Bir ALEX DEĞİL AMA PORTAKAL GAZI BİR HAGI RESMEN

YALAN
MEDYA
Devrim Televizyonlardan Yayinlanmayacak!
AKP
TÜRKİYE'Yİ
YENİDEN
KURALIM
REVOLUTION
WILL
NOT BE
TELEVISED
IT WILL BE
TWEETED

Biber gazına 21 milyon dolar harcanmış..

Nihayet vergilerimiz ilk kez son kuruşuna kadar bizim için harcandı

:P

AKILLI OL YOKSA YINE GELIRIZ

Bi bitmediniz ay

SISATMA

TAYYiP'i
DiNLiYORUM
GÖZLERiM KAPALI

DÜN GECE POLİS
HALKINI BURADA
DÖVDÜ UNUTMA !

Artık hiçbirşey
eskisi gibi
olmayacak !

ÇOCUKKEN LAMBAYI AÇIP KAPATIRKEN ANNEM; "YAPMA ÇOCUĞUM AMPULÜ PATLATIRSIN" DERDİ. ŞİMDİ ANLADIM NE DEMEK İSTEDİĞİNİ!

BİZ NE
Mİ İSTİYOOZ
?
GAZ
İSTİYOOZ
VER
GAZI

İÇİM YANDI
TOMA NEREDE?

#direngeziparkı

YOL VER GELSİNLER, İNSANLIK GÖRSÜNLER

NEREDESIN
SPARTACUS
:(

OYUMU
SANA
VERDİM
AMA...

BU DÜNYADA İKİ TANE

KÖR TANIDIM:

BİRİ GAZDAN

GÖREMEYEN BEN,

DİĞERİ

KENDİ %50'SİNDEN

BAŞKASINI

GÖREMEYEN SEN...

NO BAŞBAKAN
NO DIRDIR
YES DİRENİŞ
YES GIRGIR

DİRENDİK.
→ İÇİMİZDEKİ ÖLÜ ←
VATANDAŞI KÜRTAJLA
ALDIRDIK!

GAZLI VE
ÖFKELİ

NE HÜKÛMETLER
GÖRDÜM
DİRENİŞÇİLERİ
ANLATAN
NE GAZLAR YEDİM
BU GÖZLERİ AĞLATAN

HAYYAM GELİP
KRAL OLSA!

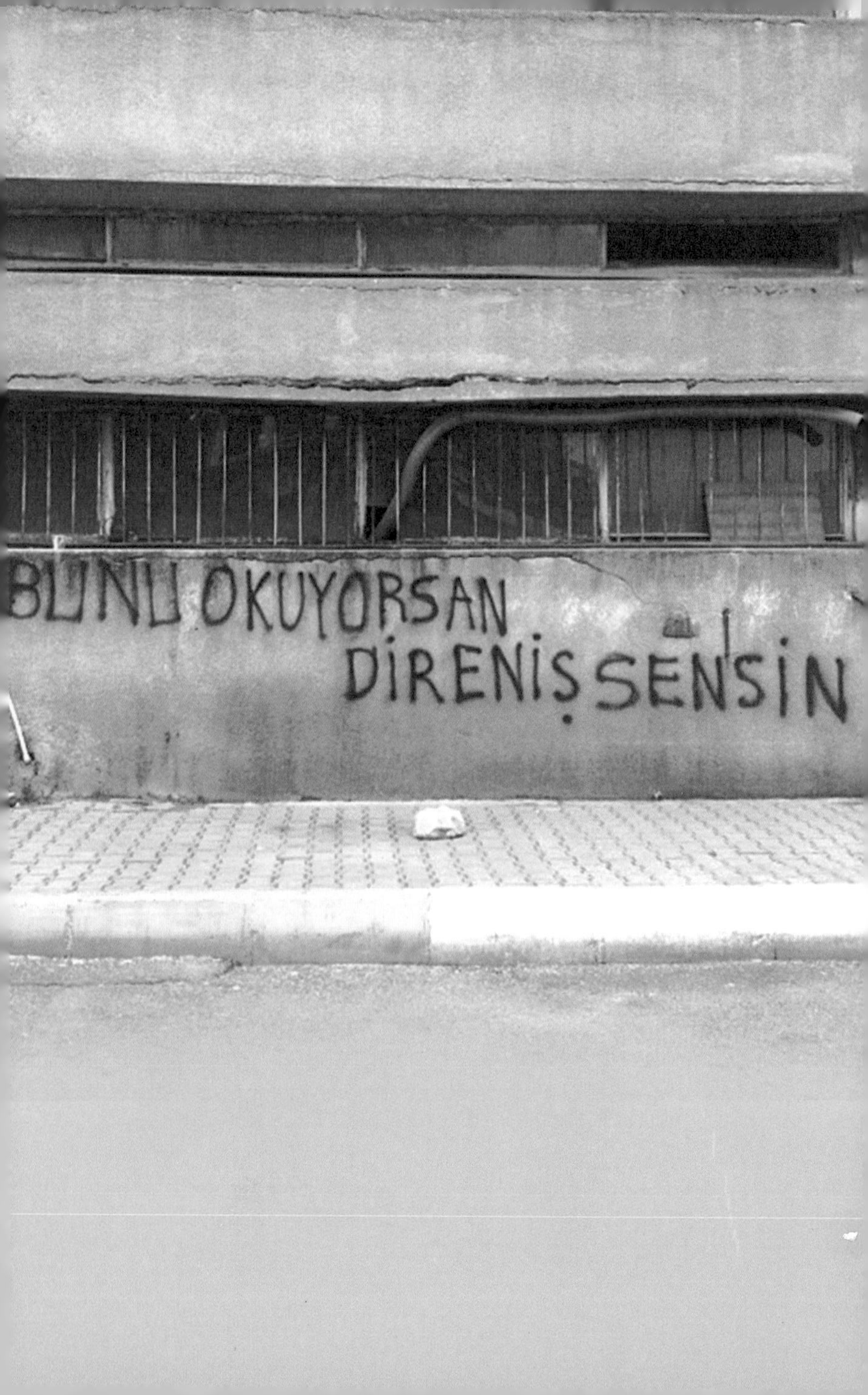
BUNU OKUYORSAN
DİRENİŞ SENSİN

Bu adamın futbol kariyerine kim mani olduysa, tarih ondan hesap soracak.

06.06.2013 23:28

Tweetle

Elinde cop, silahında gaz, kafasında kask, vücudunda yelek olmasına rağmen yaralanmayı başaran 244 polisi kutluyorum.

04.06.2013 20:14

626 RETWEET **117** FAVORİ

BARİKAT YOLU TIKAR
AMA ÖNÜMÜZÜ AÇAR

AĞAÇLAR BİRLEŞİN

AĞACI

PARKINDA

DİRENİŞÇİYİ

MEYDANDA

POLİSİ

KARAKOLDA

SEVERİZ...

starbucks neden protesto ediliyo

04.06.2013 13:35

@yertatlisi lattenin sütünü az koyuyormuş...

← Tweetle 🔍

Hüseyin Avni Mutlu @Valimutlu   5 sa
Gençler,Gezi parkında kuş sesleri,ıhlamur kokusu ve arı vızıltısıyla
huzurlu bir sabah varmış doğru mu?Aranızda olmak isterdim.

🐦 Takip et

Gumussuyu'nda mudahale olabilir ordan gelmeyin.
@Valimutlu

09.06.2013 10:54

NAZAR ETME NE OLUR,

SOKAĞA ÇIK SENİN DE OLUR...

KURTULUŞ 2.0

YÜKLENİYOR

Alex gitti, sen mi gitmiyecen

WINE BOUTIQUE
BY MIMOLETT

Bizimkisi
bir aşk hikayesi

AŞIRI UCU
OLAN
VAR MI?

GAZ DEĞİL
HAK İSTİYORUZ

PARK DA BİZİM MEYDAN DA

Bu HALK

sana Boyun

EĞMEz

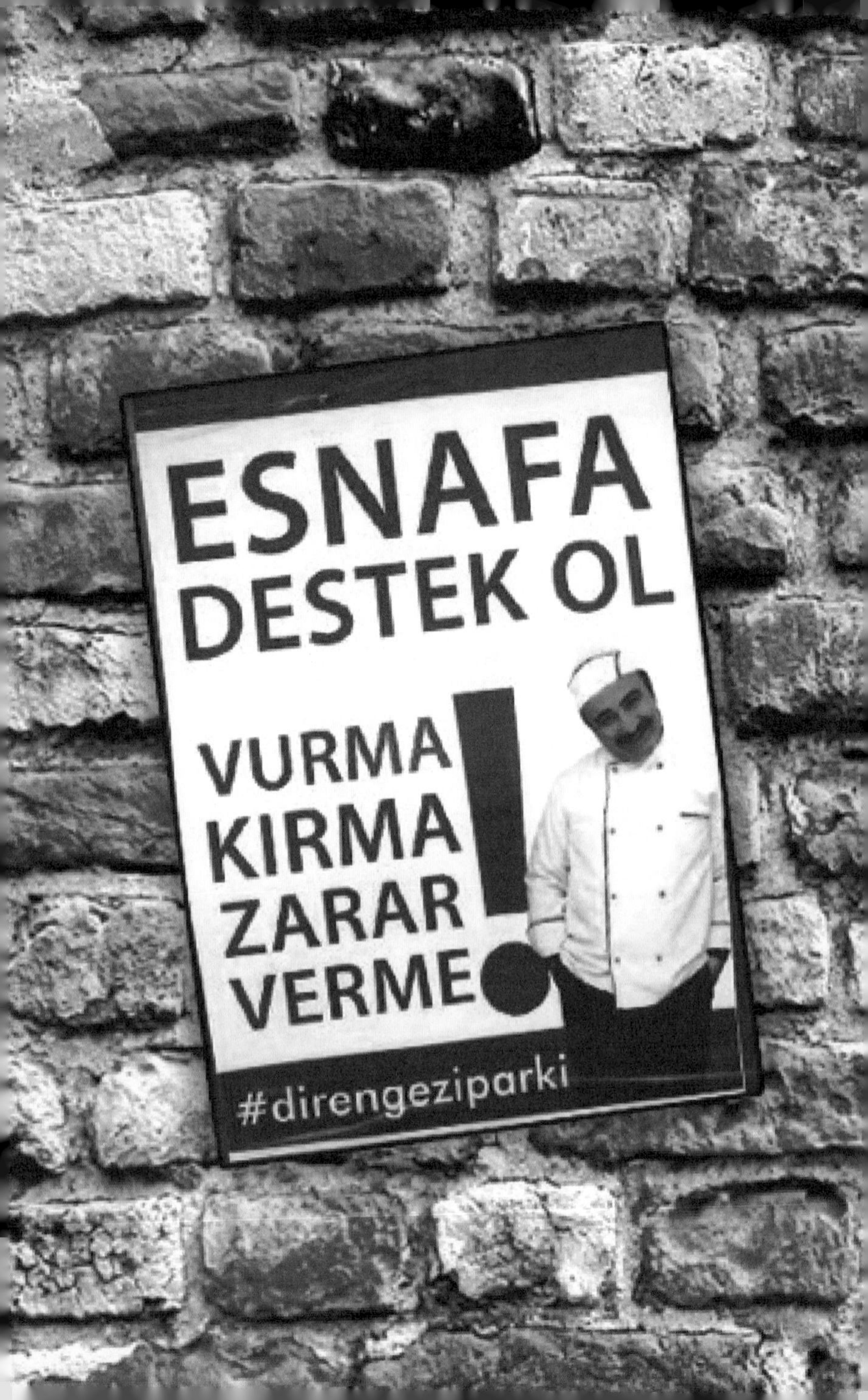
ESNAFA
DESTEK OL
VURMA
KIRMA
ZARAR
VERME
#direngeziparki

RABB'İME SORDUM
#DİRENGEZİ DEDİ

GEZİ REYHANLIDIR.

BIRAKSAN AĞAÇ SADECE GÖLGE YAPACAKTI ŞİMDİ TARİFİ İMKANSIZ MEYVELER VERDİ...

annem akp'ye oy verdi.aradım.anne napıyon evde zor mu duruyon dedim, yoo ayşekadın fasulye temizliyom yemek yapcam dedi. sıkıntı yok gençler

06.06.2013 17:43

302 RETWEET **86** FAVORİ

ANALAR BU GÜN MEYDANLARA İNDİ. BAŞBAKAN YÜZ YILIN 'ANA' MUHALEFETİYLE BAŞBAŞA. ALLAH SONUNU HAYIR GETİRSİN...

İbrahim Melih Gökçek @06m... 🖼 1sa
AKKÖPRÜ... YİNE MÜTHİŞ BİR
KALABALIK BAŞBAKANIMIZI
KARŞILADI pic.twitter.com/
nlRhSSLdrR

Sünnet çocuğu gibi gezdiriyorsunuz
adamı ordan oraya yazık...
@06melihgokcek

09.06.2013 21:42

111 RETWEET **54** FAVORİ

Ana Sayfa   Bağlan   Keşfet   Ben

🖼 1sa

28 Şubat'da aklınız neredeydi?

Kreşteydim abi,
93'lüyüm ben...

111 RETWEET **54** FAVORİ

Ana Sayfa   Bağlan   Keşfet   Ben

BEN BİR CEVİZ
AĞACIYIM "GEZİ
PARKI"NDA
NE SEN BUNUN
FARKINDASIN
NE DE POLİS!?

HİÇ BİR
PARTİ ALTINDA
DİRENMIYORUZ
BİZ HALKIZ

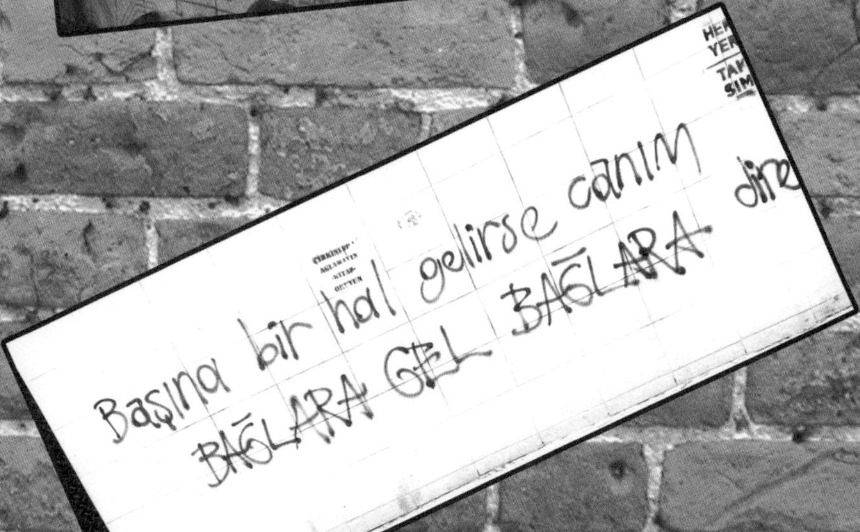

Başına bir hal gelirse canım
~~BAĞLARA GEL~~ BAĞLARA dire

BUNLAR DA
AYRAN KAFASI

GEZİ WARS

FEMİNİSTLER
(FENINISTS)

ATATÜRKÇÜLER
(ATATURKISTS)

ÖĞRETMENLER
(TEACHERS)

ÖĞRENCİLER
(STUDENTS)

MİLLİYETÇİLER
(NATIONALISTS)

KÜRTLER
(KURDS)

LGBT
(LGBT)

LİBERALLER
(LIBERALS)

SOLCULAR
(SOCIALISTS)

ESNAF
(BLUE COLLARS)

ÇARŞI VE TARAFTARLAR
(CARSI&FOOTBALL FANS)

İŞÇİLER
(LABORERS)

İŞ İNSANLARI
(WHITE COLLARS)

VS.

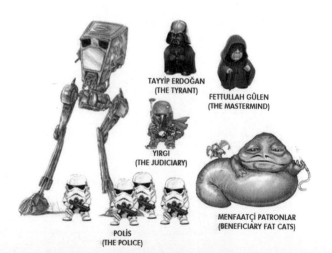

TAYYİP ERDOĞAN
(THE TYRANT)

FETTULLAH GÜLEN
(THE MASTERMIND)

YIRGI
(THE JUDICIARY)

MENFAATÇİ PATRONLAR
(BENEFICIARY FAT CATS)

POLİS
(THE POLICE)

BİZ İHALE VE RANT İÇİN
DİLENENLERİN DEĞİL
SİRKE VE LİMONLA
DİRENENLERİN YANINDAYIZ
—DEVRİMCİ MÜSLÜMANLAR

TOMAYLA 8
GÜNDÜR BERABERİZ
CİDDİ DÜŞÜNÜYORUZ
♥♥♥

Her telden
ÇAPULCU

Gaz'a
n i y e
gelmedin?

Her kapsülde artan kafa açıcı etki!!!

 Tweet

Başbakan işi biliyor yeminle! Necati'yi saldı üstümüze konu neydi unuttuk.

#direnturkce

00:16 · 13 Haz 13

 Tweet

Tüm dünya fes takıp deveye binen insanlar olmadığımızı gördü. Gerçi şimdi de mide ilacıyla yüz yıkayan manyaklar diye görüyorlar ama olsun.

00:16 · 13 Haz 13

Revolution Party!
Tüm halkımız davetlidir.
(pilavlı)

Direnen kızlar
çok güzel!
KİY←

BİZ EKREM DAĞ'A
SOLUYLA GOL ATTIRDIK
SEN DE KİMSİN?
#DİRENBEŞİKTAŞ!

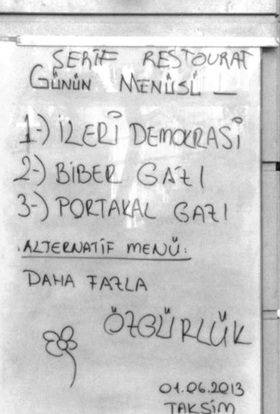

ŞERİF RESTOURAT
GÜNÜN MENÜSİ

1-) İLERİ DEMOKRASİ
2-) BİBER GAZI
3-) PORTAKAL GAZI

ALTERNATİF MENÜ:

DAHA FAZLA
ÖZGÜRLÜK

01.06.2013
TAKSİM
#direngeziparkı

— Anne yine mi benim gaz maskemi aldın?

— Hep sen mi direneceksin?

— Git odanı topla önce o ne öyle polis girmiş gibi!

— Ya anne benim çadırım dağınık değil ki. Kendi içinde bir düzeni var onun.

— Oğlum kalk direnişe geç kalacaksın.

— Anne 5 dk daha ya.

— Oğlum şu pembe deniz gözlüklü kızı gördün mü çok güzelmiş.

— Ya anne dur Allah'ını seversen zaten ortalık karışık.

— Anne ya gaz maskem nerde?

— Nereye koyduysan ordadır.

— Saat 10 oldu hala yatıyorsun kalk artık kahvaltını et çabuk daha direneceksin...
Önce elini yüzünü yıka!

— Hani, kepçeyle beni gezdirmeyecek misin?

— Anne şimdi şöyle...

— Sus, hakkımı helal etmem, 9 ay karnımda taşıdım seni!

TAYYIP DE ANCA FASA FISO

+ NE ÇEKTIN BE TAYYIP.

Aynada kendine en fazla kaç dakika bakabilirsin ?

Biber gazı işinde
çok para var
gençler!

.hmm

#direnturkiye #direngezi #occupyturkiye

HARARETİ ALIR.
AYIK TUTAR.

Gezi Parkı Direnişi'nin resmi içeceğidir.

Deminde İçiniz!

İÇERIM DE ÖPERIM DE

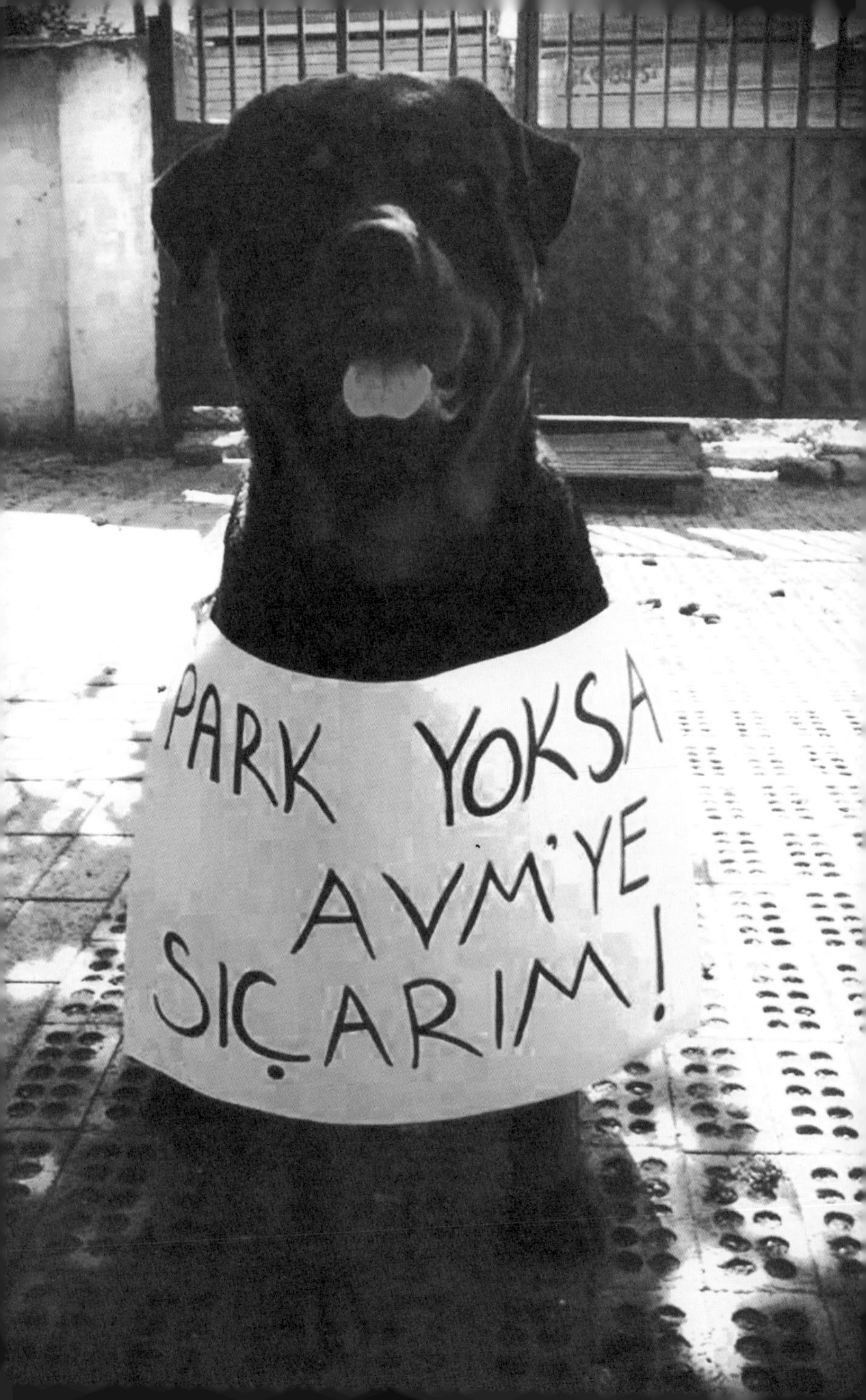
PARK YOKSA
AVM'YE
SIÇARIM!

Siz bizim için "Ölüm Yasasına Hayır" dediniz, yürüdünüz. Şimdi sıra bizde. Diren Gezi Parkı, Biz de geliyoruz!!!

KEDİLERİ ZOR TUTUYORUZ

SIRADAKI
DIRENIŞ SEVIPTE
KAVUŞAMAYANLAR
IÇIN GELSIN!

#occupygezi   #direnankara

2 AYYAŞIN TORUNU
BURADA
SIZIN ICIN SABUN GAZI
HAZIRLADIK!
ELLERINIZ VE VICDANINIZ
ÇOK KIRLENDI....
BELKI YIKANMAK İSTERSINIZ
!!!!
MUSTAFA KESER'İN
ASKERLERİYİZ.

Direnişe Gittik
Hocam Gelicez
Yok Yazmayın
:)

Bizi SMS'le

Çağırmadılar !!

#Occupygezi
#direngezi
#direnankara
#direnis

önemli olan yüzdesi
değil İŞLEVİ !

AKP'NİN

BAŞBAKANI KARŞILAMAK
İÇİN GÖNDERDİĞİ

SMS'LERE

GENÇLERİN YANITI

İZMİR'DE
POLİSE
ÇİĞDEM
DİYOLARMIŞ

Bİ DAHA TAKSİME
GELMEM-POLİS
SALOPE
BİBER
VARMI
AVM'N
DE

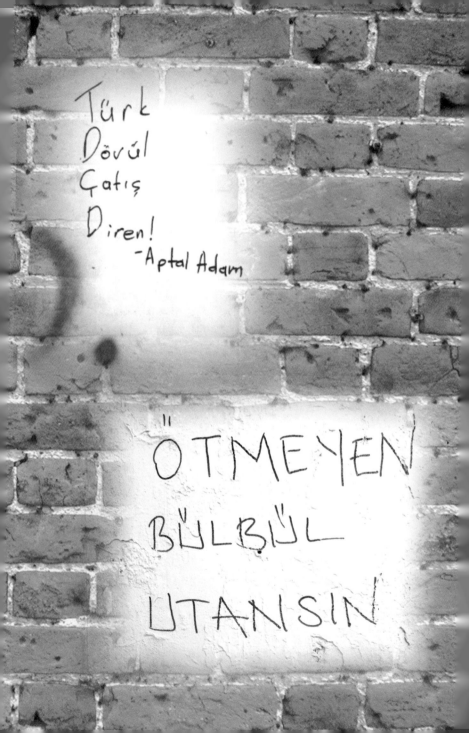

1 GÜN TERORİSTTİ
2. GÜN : PROVAKATÖR
3. GÜN : GÖSTERİCİ
4 GÜN : HALK
OLDUK

DONUMUZ SİYASETTEN
DAHA TEMİZ.

TV'Yİ KAPAT
SOKAĞA ÇIK
DEMOKRASİ İÇİN!

25 ANAPLIYI
EVİNDE ZOR
TUTUYORUZ

ANAVATAN

PARTİSİ

CNN TÜRK
SON BİLEN
SİZ OLUN

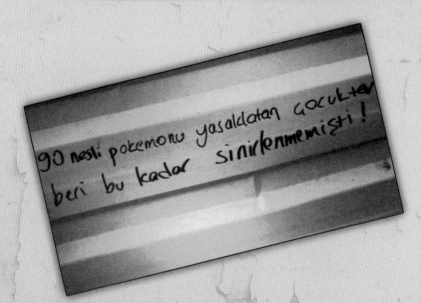

İYİ BİR ÇAPULCU
OLURSANIZ BELKİ BİR
GÜN ŞİRİNLERİ BİLE
GÖREBİLİRSİNİZ...

Ankarada
yeni semt isimleri;

-GAZILAY
-DÖVENPARK
-TOMALI HİLMİ

HAYATTAN
GAZI ALIN
GERIYE NE
KALIR Kİ?

DİREN GEZİ
DİRENME BORSA

Doktor amcalar yaralılara bakıyor para
almıyor. Abiler ablalar yiyecek dağıtıyor
para almıyor
ŞİRİNLER   Allam inşallah
KÖYÜ gibi   GARGAMEL
                            bizi bulamaz
                            Dinimiz AMİN..

PENGUEN
KURU TEMİZLEME & ÜTÜ
367 00 73

ÜLKEMİZ
BU DURUMDAYKEN
2 SAAT BOYUNCA
PENGUEN BELGESELİ
YAYINLAYAN CNN TÜRK İLE
HİÇBİR ALAKAMIZ YOKTUR.

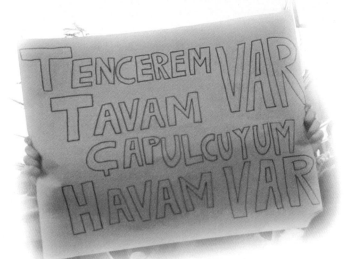

-Bir öyle bir böyle kelamlardan, yasaklardan illallah
Başına buyruk kararlardan, fermanlardan illallah
Aman aman bıktık valla
Aman aman şiştik valla
Bu ne kibir, bu ne öfke
Gel yavaş gel, yerler yaş
Satamayınca gölgelerini
Sattılar ormanları
Devirdiler, kapadılar
Sinemaları, meydanları
Her tarafın AVM'den
Geçesim yok bu köprüden

-N'oldu bizim şehre n'oldu
Hormunlu bina doldu
Aman aman bıktık valla
Aman aman şiştik valla
Bu ne kibir, bu ne öfke
Gel yavaş gel, yerler yaş
Gel yavaş gel, yerler yaş...
Hüsnü perişan oldu
Bibaht kaldı aziz İstanbul
Bu gam, bu gaz bu kederle
taş kalmadı taş üstünde
Ne oldu sana böyle,
söyle söyle söyle...
Seni böyle istemem, istemem
Ammaan...

KARDEŞ
TÜRKÜLER
Tencere Tava Havası

TÜRKİYE'NIN YENİ LOGO'LARI

BİR KAÇ ÇAPULCU

18+

AYYAŞLAR

MEDYA

AVM İNŞAAT ALANI

Facebook.com/Tiyatr0

RANT VAR

SERTİFİKASI

KAZANÇ CEPTE

%50 | %50

DİKKAT BÖLÜNME TEHLİKESİ

DİKKAT GAZ

TOMA VAKFI

BELA

#d

DİREN

TAYYIP
DO YOU KNOW

ISTANBUL UNITED

SINCE
31 MAY 2013

Halk
Gündüz
CLARK KENT
gece

Annelerin evlatlarıyla eylem sürecindeki
telefon görüşmelerinin evrimi
bu olsa gerek:

1. GÜN: Dışarıya çıkarsan sütümü helal etmem.

2. GÜN: Dün gittin bugün artık evinde otur.

3. GÜN: Provokatörler varmış onlara dikkat et,
ön taraflara yaklaşma.

4. GÜN: Bak internetten biber gazına karşı
bir solüsyon tarifi aldım,
onu sana gönderiyorum yanından ayırma

5. GÜN: Bu akşam arayamam seni,
Ayşe Teyze'nlerle Taksim'e gidiyoruz,
senin bıraktığın havuz gözlüğünü aldım
beni merak etme